CON GRIN SU CONOCIMIENTOS VALEN MAS

AF144622

- Publicamos su trabajo académico, tesis y tesina

- Su propio eBook y libro - en todos los comercios importantes del mundo

- Cada venta le sale rentable

Ahora suba en www.GRIN.com y publique gratis

Bibliographic information published by the German National Library:

The German National Library lists this publication in the National Bibliography;
detailed bibliographic data are available on the Internet at http://dnb.dnb.de .

This book is copyright material and must not be copied, reproduced, transferred,
distributed, leased, licensed or publicly performed or used in any way except as
specifically permitted in writing by the publishers, as allowed under the terms and
conditions under which it was purchased or as strictly permitted by applicable
copyright law. Any unauthorized distribution or use of this text may be a direct
infringement of the author s and publisher s rights and those responsible may be
liable in law accordingly.

Imprint:

Copyright © 2011 GRIN Verlag, Open Publishing GmbH
Print and binding: Books on Demand GmbH, Norderstedt Germany
ISBN: 978-3-668-11088-5

This book at GRIN:

http://www.grin.com/es/e-book/192237/antropologia-del-genero-evaluacion-a-la-
antropologia-queer

Benjamín Rojas Yauri

Antropología del género. Evaluación a la antropología queer

GRIN Publishing

GRIN - Your knowledge has value

Since its foundation in 1998, GRIN has specialized in publishing academic texts by students, college teachers and other academics as e-book and printed book. The website www.grin.com is an ideal platform for presenting term papers, final papers, scientific essays, dissertations and specialist books.

Visit us on the internet:

http://www.grin.com/

http://www.facebook.com/grincom

http://www.twitter.com/grin_com

ANTROPOLOGÍA DEL GÉNERO: EVALUACIÓN AL CONCEPTO ANTROPOLÓGICO *QUEER*

Lic. Benjamín Rojas Yauri

Índice

Problema y metodología

La antropología hoy es abordada desde distintos puntos de vista, algunos de ellos conservadores y otros más desafiantes. Sin embargo, cada postura tiene su aparente virtud y justificación. En este sentido el concepto antropológico *queer*, muy relacionado con la identidad de género, está siendo usado por grupos de lesbianas y homosexuales para sostener la práctica sodomita dentro del cristianismo de forma aceptable y loable. Debido a ello, esta investigación estudia el desarrollo histórico del concepto antropológico *queer*, junto a los descubrimientos científicos que lo respaldan, con el propósito de identificar sus bases filosóficas. Luego se evalúan y se enfrentan las bases filosóficas *queer* con la filosofía bíblica, todo ello con el objetivo de mostrar si la práctica sodomita es una forma aceptable y loable dentro del cristianismo bíblico.

Preámbulo

A fines del siglo XIX e inicios del XX, el médico y periodista de ascendencia judío alemana, Magnus Hirschfeld (1868-1935), desarrolló la teoría del tercer sexo.[1] En 1897 fundó el *Comité Científico Humanitario* para defender los derechos de los homosexuales y para ello reunión más de 5000 firmas. Entre los signatarios estaban Albert Einstein, Thomas Mann, Martin Buber, Eduard Bernstein, entre otras importantes personalidades.[2]

Así, se daría inicio a la novedosa teoría del tercer sexo, que llegaría a tener directa conexión con el quehacer de la antropología humana. Sin embargo, es necesario reconocer que detrás de cada teoría y porque no decirlo, detrás de cada firma recogida por Hirschfeld, existen, complejas historias humanas, [3] que unidas a filosofías antiguas y nuevas darían lugar a teorías nuevas, que con el pasar del tiempo desean convertirse en ideologías, que según Marx (1818-1883),

Deshumanizan a las personas (las cosifican) porque las obligan a servirlas, o sea, a servir a las ideas, que de acuerdo a Marx, son ahora tratadas como "personas". Es el bienestar y larga vida de las ideas el que se impone sobre el bienestar y larga vida de

---

[1]"Hirschfeld developed the theory of a third, intermediate, sex between women and men (which included people who would now be called trans, intersex, lesbian, gay and bisexual)". Victoria Clarke et al., *Lesbian, Gay, Bisexual, Trans and Queer Psychology: An Introduction* (Cambridge University Press, 2010), 7.

[2]Juan A. Herrero Brasas, *La sociedad gay: una invisible minoría* (Madrid: Foca Ediciones y Distribuciones Generales 2001), 248-260.

[3]En una reciente biografía de Charles Darwin se relata la muerte de Annie, su hijita de once años, lo curioso de esto es que allí se puede notar que la teoría evolucionista (hoy una ideología) es pensada en el contexto de la muerte de una niña en la familia, y en el año en que Marx enviaba a Darwin un ejemplar de su obra. Véase. Keynes, R., Annie's Box, *Charles Darwin, his Daughter and Human Evolution* (London: Fourth State, 2001), 14.

los seres humanos. Al final, la ideología es siempre una idolatría que nos obliga a servirla a costa de muchos sacrificios humanos.[4]

Frente al pensamiento marxista, que identifica al hombre como prisionero de su propia ideología, renombrados filósofos del mundo, creadores de paradigmas humanos, dan origen al posmodernismo. Teoría que hecha ideología, se constituyó, como bien lo Señala Gergen, en la libertadora de una sociedad, que según algunos se encontraba oprimida por diversas ideologías,[5] él dice:

> La posmodernidad se instaura entonces con un sentido liberador, de forma tal, que invita a los individuos a apartarse de todas las tradiciones, y a hablar cualquier lenguaje atractivo. De este modo, a medida que las expresiones de la comprensión se democratizan, no queda nadie que pueda otorgarse autoridad. La vida del posmoderno se vuelve entonces más rica y expresiva si se suspenden las demandas de coherencia personal, de reconocimiento o de enfoque determinante, y simplemente se narra en el curso de las relaciones con los demás.[6]

No obstantes es importante aclarar que aún Gergen, reconoce que "la situación posmoderna es de crisis, una crisis de nuestras verdades, de nuestros valores, de las certezas que más apreciamos; una crisis que debe su origen, su necesidad y su fuerza a la reflexividad".[7] Es pues en medio de esta *crisis de nuestras verdades* que han surgido un sin número de enfoques antropológicos posmodernos, que abordan al hombre desde distintos puntos de vista. Una de estas es la antropología de género, y dentro de ella la antropología queer,[8] desprendida de la *Teoría Queer*[9] y su particular concepto sobre sexualidad.

---

[4]Althaus-Reid, Marcella, "Sobre teologías feministas y teologías indecentes: panorama de cambios y desafíos", en *Cuadernos de teología* n° 22, (2003): 124.

[5]K. Gergen, *Realidades y relaciones: Aproximaciones a la construcción social* (Barcelona: Paidós, 1996). Kenneth Gergen, Ph.D, es considerado el padre del construccionismo social.

[6]Estrada Mesa, Ángela María, et al., "¿Se nace o se hace? Repertorios interpretativos sobre la homosexualidad en Bogotá", en *Revista de Estudios Sociales* n°. 28 (Diciembre 2007): 60.

[7]Idem.

[8]"La neonata Antropología queer, una corriente antropológica de solo 15 años de edad floreció en los años 90 marcada por el impacto del postmodernismo", Aurelia Martín Casares, *Antropología del género: Culturas, mitos y estereotipos sexuales* (Madrid: Ediciones Cátedra, Grupo Anaya, S.A., 2006), 278.

[9]"Entre teóricos y teóricas fundamentales del movimiento *queer* anglosajon, podemos citar a Eve Kosofsky Sedgwick (2002), Nicholas Bradford (1998) y Judith Butler, cuyo libro Gender Trouble (1990) supuso una intervención provocativa en las investigaciones de género, además de ser considerado uno de los textos fundadores de la teoría queer. En el ámbito francófono destaca Marie-Helene Bourcier (2001), y en el mundo hispano Beatriz Preciado (2002), José Antonio Nieto (1998) y Rafael Merida Jiménez (2002). En cuanto a la antropología queer, sobresalen investigadores como Ellen Lewin (2002), William L. Leap (2003), Will Roscoe (1998), o Serena Nanda (2000)". Aurelia Martín Casares, *Antropología del género*, 280,281.

Trasfondo del asunto

Queer, no es una palabra poco común en nuestro mundo posmoderno. *Queer* es una palabra que representa a un grupo de personas cuestionadas, poco aceptadas y sin embargo escasamente abordadas en el círculo adventista. *Queer* es la palabra, pero representa a seres humanos, con los que diariamente nos chocamos aunque muy pocas veces nos relacionamos. *Queer*, que puede ser traducido al español como "extraño" o "raro", nos habla del grupo de homosexuales, lesbianas, travestis, y de todo lo que es sexualmente *heterodoxo* en general,[10] si existe alguna posibilidad de hablar en esos términos respecto a lo sexual.

Es así que a partir del siglo pasado, este grupo de personas *queer* (raras) han dejado escuchar su voz, proponiendo teorías, que fueron acompañadas por sus respectivas ideologías teológicas, como la Teología de la Liberación Gay, las Teologías de la Sexualidad, las Teologías Sexuales, entre otras. Sin embargo, a pesar de los grandes logros sociales obtenidos por los grupos *queer*, no consiguieron que la gente *queer* deje de sentirse *queer* (rara) en el sentido estricto de la palabra.[11]

Frente a esta desilusión, el movimiento *queer* vislumbró una esperanza de solución a su problema, en una nueva forma de hacer teología, y junto a ella, en una nueva forma de hacer antropología teológica, que en términos de Pannenberg podría llamarse "antropología teológico-fundamental".[12] Esta antropología intenta liberarse del llamado dogmatismo religioso – a la que acusa de tomar la Biblia y partir de ella para identificar y conceptuar al hombre como tal –, y presenta un nuevo enfoque teológico, cambia el orden, parte de la realidad del hombre para tratar de entender a Dios, su palabra, su voluntad y también para entenderse a sí mismo.

Es así que partiendo de este nuevo enfoque, la novedosa antropología teológico-fundamental, critica a teólogos como Paul Tillich y Karl Barth, por iniciar sus estudios en la Biblia y no en sus propias y particulares experiencias. Estos estudios los condujeron a conclusiones que en algunos casos fueron incoherentes con aspectos de su vida práctica, en esta investigación y debido al tema de estudio, se hace referencia únicamente al comportamiento sexual de ambos. Hechos que condujeron a que Althaus-Reid se pregunte,

---

[10]"El vocablo inglés "queer", cuya definición básica se traduce al español como "extraño", "excéntrico", "misterioso", "sospechoso" o, en su uso más común "raro", se ha empleado desde principios del siglo veinte para referirse también a la homosexualidad, o más bien a lo sexualmente heterodoxo en general". Robert Mckee Irwin,"Teoría Queer" en *Diccionario de Estudios Culturales Latinoamericanos,* ed. Mónica Szurmuk y Robert Mckee Irwin (Madrid: Siglos XXI de España editores, S.A., 2009), 266. "Los queers de Queer Nation representaban toda categoría de los sexualmente marginados, los heterodoxos, los no convencionales, los anormales". Idem.

[11]Evidencia de ello, son las constantes luchas y protestas protagonizadas por los grupos de lesbianas, homosexuales o transexuales con el objetivo de conseguir su aceptación social.

[12]Wolfhart Pannenberg, *Antropología en perspectiva teológica* (Salamanca: Ediciones Sígueme, 1993), 28.

¿Qué hubiese pasado si ellos hubiesen roto el silencio y hubiesen desarrollado una teología pertinente en temas de sexualidad, basados en sus experiencias? Hubiese sido ésta no sólo una teología honesta, sino pionera, visionaria con relación a la problemática sexual, económica y social en la que vivieron. Hubiera sido una teología indecente, "anormal" ideológicamente y basada en un diálogo existencial más auténtico y menos hipócrita. Sin duda, si lo hubieran hecho, no estaríamos todavía en pleno siglo veintiuno discutiendo cuestiones de género (roles de conducta apropiada o decente) en nuestras iglesias, ni buscando justificar en la Biblia el valor y sabiduría de las mujeres campesinas de Palestina milenios atrás, para indicarnos cómo debemos vivir hoy. Y ya habríamos superado la penosa conciencia ingenua de la iglesia muchos años atrás. Ya no estaríamos perdiendo el tiempo en una agenda de ángeles-hombres y un lugar para nosotras en el cielo.[13]

A estas incoherencias entre práctica y predicación y a los ya mencionados adelantos en las ciencias filosóficas, se suman los estudios realizados en diversas áreas. Entre los estudios socio culturales relacionados al género y sus funciones sociales, se encuentra uno que fue significativo en el mundo científico, el realizado por la Dra. Margaret Mead, en las tribus Arapesh, Mundugumor y Tchambouli.[14] Los resultados de su investigación, publicados por primera vez en 1935, la llevaron a concluir que los llamados roles masculinos y femeninos no se basan fundamentalmente en la diferencia de sexo, sino que, son el reflejo de las condiciones culturales de las diferentes sociedades.[15] Partiendo de este punto, se han sumado otros estudios que intentan demostrar que el género, es una cuestión social y psicológica más que biológica.[16]

---

[13]"Leyendo la biografía de Paul Tillich escrita por su viuda, Hannah Tillich (1974) descubrimos por ejemplo cómo el teólogo alemán admirado por su notable reflexión ontológica, tenía una problemática sexual oculta". Althaus-Reid, Marcella, "Sobre teologías feministas y teologías indecentes: panorama de cambios y desafíos", en *Cuadernos de teología* n° 22, (2003): 132; "Karl Barth… vivía abiertamente con las dos mujeres que amaba en la misma casa" .Idem.; Véase también, Hannah Tillich, *From Time to Time* (London: Allen and Unwin, 1974).

[14]Estas tribus que todavía existen en la actualidad, se ubican a orillas del rio Sepik en Papua, Nueva Guinea.

[15]Margaret Mead, *Sex and temperament in three primitive societies* (New York, NY: Harper Collins Publisher, 2001)

[16]"«la biología no es destino» sino que las diferencias sexuales son siempre elaboradas simbólicamente, de manera que concepciones acerca de lo que es ser «hombre» y «mujer» en una cultura están cargadas de significados que trascienden los puros «hechos» de la biología humana". Verena Stolke, *Antropología Del Género: El cómo y El porqué de las mujeres* (Biblioteca Virtual de las Ciencias Sociales), 2. "Desde el punto de vista de la corporalidad, el concepto de "sexo" no puede entenderse sólo respecto a las características externas y somáticas de la persona. Por el contrario, el sexo es un conjunto que incorpora las características externas del individuo, una actitud psicológica, una vivencia y una opción personal". Beatriz Espinosa Pérez, ed., *Cuerpos y diversidad sexual: Aportes para la igualdad y el reconocimiento* (Bogotá, D.C.: Editorial Pontificia Universidad Javeriana, 2008), 131.

A todo lo mencionado y en aparente apoyo a los mismos, han surgido nuevos descubrimientos en el mundo médico biológico sobre la sexualidad humana. Pues hoy se conoce que no solo existen XX y XY según sean mujeres o varones, sino que pueden existir XXY (síndrome de Klinefelter en varones), XO (síndrome de Turner en mujeres) y otras combinaciones cromosómicas aún más complicadas de definir, como son las personas que presentan dos líneas celulares distintas, XX/XY, XY/XO, XXY/XXXY, entre otras, que pueden dar lugar en ocasiones a un auténtico hermafroditismo, donde coexisten testículos y ovarios en un mismo individuo.[17]

Frente a todo lo mencionado, y gracias a la aparición de filósofos como Derrida y Foucault, quienes favorecieron la idea de que la identidad del sujeto se produce en un marco histórico, cultural y discursivo – Derrida llega a decir, que la identidad es una trampa social[18] –, es que, "a diferencia del discurso filosófico tradicional, la teoría *queer* intenta reconstruir el sujeto sin caer en esa trampa de la identidad. La teoría *queer* enseña que la identidad es una construcción cultural".[19] Sin embargo, Morris mismo señala que "es prácticamente imposible determinar con exactitud cómo se construyen las identidades, porque su mera formación es profundamente ambigua".[20] Todo ello dio como resultado un giro profundo y sobresaliente en la teoría *queer,* sobre ello escuchamos decir a Moro Abadia,

> El termino *queer,* que inicialmente designaba la homosexualidad de manera despectiva, se ha convertido en una palabra maleta que sirve para describir un campo de estudio que, surgido de los *lesbian and gays studies,* pretenden romper el estrecho lazo que en nuestras sociedades se establece entre identidad y sexualidad.[21]

Todo lo mencionado hasta aquí, hace surgir importantes preguntas que necesitan ser contestadas, preguntas que se mueven del campo antropológico al teológico, preguntas, como: ¿Quién decide qué y quién soy?, ¿Qué tantas opciones tengo realmente cuando se trata de mi identidad de género?, ¿La identidad de género ha sido fijada por Dios o por un mandato evolutivo?, ¿Cuándo desafiamos el rol de género que nos han sido asignado lo

---

[17]Teresa Audesirk, Gerald Audesirk y Bruce E. Byers, *Biología Ciencia y Naturaleza* (Mexico: Pearson Prentice Hall, 2004)222-231; J. Gafo, "Biología de la sexualidad humana; ¿tradición o salto?, en Marciano Vidal, et. Al., *Homosexualidad: ciencia y conciencia,* (Santander: Editorial Sal Terrae, 1981), 22

[18]Derrida, Escritura y diferencia,; M. Foucault, The history of sexuality. Voumen one: An Introduction (New York: Vantage, FUSS, D., 1991)

[19]M. Morris, "El pie zurdo de Dante pone en marcha la teoría queer", en *Pensando queer: Sexualidad, cultura y educación,* ed. Susan Talburt, Shirley R. Steinberg, trad. Begoña Jiménez Aspizua (Barcelona: Editorial GRAÓ, 2005), 37.

[20]Idem.

[21]Óscar Moro Abadía, *La perspectiva genealógica de la historia* (Santander: Servicios de Publicaciones de la Universidad de Cantabria, 2006), 136.

hacemos bajo nuestro propio riesgo?, ¿Hasta qué punto está determinado quién creo que soy y lo que creo que soy?, ¿Hasta qué punto tengo la libertad de cambiar?, ¿Qué tanto de nosotros es "fijo" y qué tanto es "plástico"?.[22]

Son estas preguntas las que intenta responder el concepto antropológico *queer,* pues ella intenta demostrar que la identidad de género, es una simple construcción social, donde todos son de todo y todo es de todos, en la que puede o no participar el libre albedrío humano.

Análisis multidisciplinar

¿El hecho hace a la ideología o la ideología al hecho?

Si bien es cierto, Marx intentó demostrar que la ideología es el resultado de los hechos – ya que es creada para justificar y mantener acciones políticas e injustas –,[23] los hechos muestran que esto no siempre se da así. En el caso de los romanos al parecer no fue el hecho que originó la ideología sino que fue a la inversa. En el dialogo de Platón llamado *Simposium,*[24] Aristófanes relata, que en el pasado los seres humanos fueron seres de cuatro piernas, cuatro brazos y dos cabezas, seres que eran una amenaza para los dioses por su arrogancia. Esto dice Aristófanes llevó a que Zeus el rey de los dioses cortara al hombre en dos, de forma que hoy somos dice él, la mitad de lo que un día fuimos. Según este mito, es a partir de allí que el hombre va en busca del amor, es decir, en la búsqueda de la mitad perdida. Sin embargo, lo importante en este mito es que los seres originales, eran en algunos casos seres un mismo sexo. Esto dio lugar a una búsqueda del amor, en la experiencia sexual lésbica y homosexual, comportamiento sexual característico de aquellos que siguieron el pensamiento platónico.[25]

---

[22]Helen Buss Mitchell, et. al., *Raíces de la Sabiduría* (México: International Thomson Editores, 2006), 151,152

[23]"El creador de la teoría del reflejo será, como es bien sabido, Karl Marx. Para él… las sociedades de clase, en las que el dominio de una clase sobre otra o de un grupo sobre otro se produce en el orden de los hechos reales necesitan crear una justificación de ese dominio mediante la elaboración de una serie de teorías que dan cuenta de él, y para ello es frecuente que los hechos aparezcan reflejados en la teoría «patas arriba» invertidos como en una cámara oscura, instrumento y metáfora que, como ha demostrado Sarah Kofman, desempeñan un papel privilegiado en la teoría de la ideología de Marx". José Carlos Bermejo Barrera, Francisco Javier Gónzales García y Susana Reboreda Morillo, *Los orígenes de la mitología griega* (Madrid: Ediciones Akal, 1996), 43.

[24]Diálogo platónico compuesto hacia 380 a. C. que versa sobre el amor. Esta obra, junto al Fedro exponen la idea del amor platónico.

[25]Existen numerosos materiales que exponen el comportamiento sexual de los habitantes que vivieron influenciados de forma directa por el pensamiento de Platón. Aldrich dice, "la homosexualidad era un elemento esencial en la cultura romana… era algo normal entre los romanos tener relaciones sexuales con personas de ambos sexos". Robert Aldrich, *Gays y lesbianas: vida y cultura, un legado universal,* trad., Beatriz Rendo Andaluz (San Sebastian: Editorial Nerea, 2008), 50. También véase, Eva Cantarella, *El peso de Roma en la cultura europea* (Madrid: Ediciones Akal, 1996), 35-59; Jean-Noël Robert, *Eros romano: sexo y moral en la Roma antigua,* trad., Eduardo Bajo Álvarez (Madrid: Editorial Complutense, 1999), 7-305.

Esta teoría – mito o ideología –, llevó a que la sociedad griega practique una vida sexual libertina, que bien podría ser considerada promiscua en la actualidad. Allí, bajo el pretexto de la *búsqueda del amor,* el placer sexual era buscado de cualquier forma. Esto nos muestra claramente, que fue la teoría la que originó la ideología y que ésta a su vez dio origen al hecho, es decir, la teoría platónica dio origen a una sociedad promiscua, degrada, casi sin principios morales, sin amor y rebajada a casi un estado animal, en donde la búsqueda del placer, determinaba el quehacer de las personas. Esto debe apoyar a todo aquel que desee luchar, contras posturas que afirmen que el hecho da o debe dar origen a la ideología o viceversa. Lo importante aquí es mantener a la ideología como el elemento controlar del hecho.

El rechazo a los *queer* ¿tiene un argumento anti-naturalista?

El siguiente argumento sobre el que se construye la teoría *queer* puede parecer más convincente, debido a que algunos estudios realizados en animales como los bonobos, pingüinos, canes y delfines, demostraron que estos animalitos manifiestan atracción y claro vínculo afectivo estable, entre miembros del mismo sexo.[26]

Hoy en día algunos estudiosos bíblicos afirman que el ser humano fue creado por Dios, pero en un estado imperfecto, no completo,[27] no como lo conocemos hoy, sino que en un estado primigenio, necesitado de la evolución.[28] Según estos teóricos, el hombre está desarrollándose cada día, es decir, para ellos el ser humano es simplemente un animal evolucionado. Con estas presuposiciones en mente, podría parecer aceptable que el hombre al igual que los bonobos manifieste atracción natural por miembros de su mismo sexo. Pero si creemos que el hombre fue creado perfecto y completo, no necesitado de evolución para alcanzar la perfección, entonces es imposible igualar al hombre con los animales, ya que la Biblia afirma que el hombre se enseñorearía sobre toda la creación, que la gobernaría y la

---

[26]S. Alexandresco, B. Loyer y J. Menéndez, (Productores) "Out in Nature: Homosexual Behavior in the Animal Kingdom [Video documental] Francia: Thomas Productions, 2001

[27]Estas ideas con compatibles y muy similares a las del teísmo filosófico que "interpreta al hombre como ser incompleto y en búsqueda". Juan Antonio Estrada, "El Dios de los filósofos: entre la metafísica y la hermenéutica," en *El futuro de la filosofía,* ed. Francisco Galán, Ángel Xolocotzi, y Ma. Teresa De la Garza(México, D.F.: Universidad Iberoamericana, A.C., 2005), 197.

[28]El 2004 en Estados unidos, se llevó a cabo una encuesta en la que se preguntaba, ¿Cuál de las siguientes afirmaciones se acerca más a su propia opinión sobre el origen y desarrollo de los seres humanos?: 1) Los seres humanos se han desarrollado a lo largo de millones de años a partir de formas menos avanzadas de vida, y Dios guió este proceso; 2) Los seres humanos se han desarrollado a lo largo de millones de años, pero Dios no tomó parte en este proceso; 3) Dios creó de golpe a los seres humanos casi en la forma que tienen en el presente durante los últimos 10.000 años, aproximadamente. Los resultados fueron. 1) 38%, 2) 13%, 3) 45%, el restó no opinó. Esto nos demuestra que gran parte del cristianismo en la actualidad ha optado por una posición evolucionista, que puede ser la evolución teísta, el creacionismo evolutivo el deísmo o alguna forma en la que ella trate de presentarse desde una perspectiva cristiana. Alan Sokal, *Más allá de las imposturas intelectuales: ciencia, filosofía y cultura*, trad., Miguel Candel (Barcelona: Ediciones Paidos Ibérica, 2009), 465.

sojuzgaría (Gn 1:26,28), pues "todo lo puso debajo de sus pies" (Sal 8:6) y fue "hecho poco menor que los ángeles" (Sal 8:5).

El ser humano por ser *Imago Dei* de Dios (Gn 1:26,27) tiene características especiales que lo hacen diferente y superior a la creación animal. Debido a ello todo estudio realizado en seres inferiores al hombre, que también han sido afectados por el pecado, no puede servir de norma para el hombre. Por lo tanto, el rechazo a la antropología *queer* no es el resultado de un argumento anti-naturalista, sino que por lo contrario, es la comprensión correcta de la naturaleza la que lo produce.

El rol sexual es un asunto cultural pero no la función sexual

Ya se mencionó que estudios, como los realizados por la Dra. Margaret Mead contribuyeron a que los promotores de la teoría *queer* aseveraran que los roles sexuales son puramente sociales, y en esto no están equivocados, pero es necesario aclarar que existe una sustancial diferencia entre el rol sexual y la función sexual.

Es innegable, que un gran número de mujeres en el mundo, sólo cumple roles o funciones hogareñas, pero esto se debe a un aspecto puramente social y cultural, pues el hombre y la mujer son capaces de hacer lo mismo en términos de roles y funciones sociales.[29] Sin embargo, esto no apoya la conjunción de las dos distintas funciones sexuales en un solo individuo.

Es necesario pensar, sí el hecho de que un hombre cocine y una mujer maneje el tractor invierten las funciones sexuales específicas de cada uno de ellos, para ser más claro, ¿Acaso se invierten las funciones sexuales entre un hombre que cocina y una mujer que maneja el tractor durante el acto coital?, allí las funciones sexuales del varón y la mujer son intercambiables, aunque los roles sociales puedan ser intercambiados.

Sobre este aspecto, es importante recalcar que los estudios que Mead realizó, también la llevaron a ver que un comportamiento cultural como el de los Arapesh, donde los roles del varón y la mujer no eran fuertemente diferenciados, pues ambos tenían, más una actitud maternal y amorosa que agresiva y "masculina" en términos occidentales, protegía al niño "contra el desarrollo de una actitud mutilante que se conoce como complejo de Edipo y complejo de Electra, etc.".[30] Esto es realmente importante, ya que Freud al hablar del desarrollo sexual saludable decía que,

Si los niños reciben demasiada o muy poca gratificación en cualquier periodo, quedan fijados en esa etapa por lo que su desarrollo psicosexual es incompleto. Así, si los niños reciben muy poca gratificación oral en su momento, más tarde pueden

---

[29]Es necesario aclarar que los roles y funciones sociales pueden ser realizados por el hombre y la mujer de forma indiferente, sin embargo eso no significa que ambos tengan la misma destreza para hacer lo mismo. Pues existen roles y funciones sociales que son mejor ejecutadas por el varón o por la mujer. En este sentido, el que un varón pueda ejercer una función materna no quiere decir que esto sea lo mejor o que él pueda cumplir esta función de la misma o igual manera como lo haría una mujer.

[30]M. Mead, *Adolescencia y cultura en Samoa,*(Mexico: Paidos Iberica, 1990), 222.

9

continuar tratando de encontrar esa gratificación en actividades como fumar, comer, besar, beber o masticar. Los niños que quedan fijados en la etapa de latencia tratan de reprimir los sentimientos sexuales y continúan identificándose con el padre del mismo sexo, sin avanzar hacia ajustes heterosexuales más maduros (Ende, 1992).[31]

De esto podemos concluir, que en hogares donde existen roles intercambiables, es decir, donde un varón y una mujer tienen un comportamiento no totalmente diferenciado, sino en el que el padre y la madre hacen de todo, sin reservarse de forma exclusiva algunas actividades para la mamá o para el papá, hay más probabilidades de que se formen seres humanos plenamente heterosexuales.

Es decir, los *queer* tienen razón hasta cierto punto, sobre el hecho de que una sociedad sexista – donde el varón sólo hace cosas que cree son cosas de varón, pues su valor depende de su sexo – forma *queers,* pero si se pretende eliminar el sexismo para mantener a los *queers,* la experiencia dirá que ello eliminará los *queers* y producirá una sociedad heterosexual, pues como se demostró, es así que se elimina la confusión respecto a la identidad de género.

El género sexual no es un asunto biológico

Como ya se señaló, adelantos en el campo de la biología médica pueden dar la impresión de apoyar la idea de que existen seres humanos diferentes en género de lo que es normalmente conocido como varón (XY) y mujer (XX). Sin embargo, es importante aclara algunos malos entendidos al respecto.

En primer lugar debemos partir del principio que en la naturaleza orgánica, todo lo saludable, es funcional y completo, donde funcional y completo debe ser entendido como capaz de cumplir el ciclo vital sin manipulación exterior, es decir, no se puede hablar de una planta saludable, funcional y completa si esta no puede cumplir el ciclo vital común. Tampoco se puede decir esto de los animales, por ejemplo, si como se afirma los bonobos podrían mantener relaciones homosexuales satisfactorias y duraderas, esto no quiere decir que ello contribuya a completar el ciclo vital, es decir, ello no supone que los animales que practican tales relaciones sean saludables, en el sentido de funcionales y completos, pues para la supervivencia de la especie – hecho que hace a una especie saludable, plena y completa – será necesario de una relación heterosexual.

En este sentido, es importante notar que algunos estudios que abordan el tema de la sexualidad humana desde un punto de vista biológico, advierten que las otras posibles combinaciones cromosómicas en el ser humano, en el momento de la meiosis, deben ser consideradas como anomalías y no como algo saludable, pleno y completo. Esto se supone debido a que la gran mayoría de las mismas, sobre todo de las más severas, imposibilitan la reproducción de la especie.

---

[31]F. Philip Rice, *Desarrollo humano: Estudio del ciclo vital* (Mexico: Pearson Prentice Hall, 1997), 33.

Debido a ello, se puede afirmar, que el hombre aunque pueda enfrentar problemas en el momento de la meiosis, esto no abre la puerta para decir que existe la posibilidad de hablar respecto al ser humano como un ser asexuado, o como alguien que pueda desarrollar un tercer o cuarto sexo. En otras palabras, la biología, lejos de negar la heterosexualidad del hombre, la confirma, y afirma que el sexo, es también, biológico y físico.

Análisis teológico bíblico

¿Somos libres de ser lo que deseamos ser?

La doctrina cristiana del libre albedrío, predicada desde la antigüedad por griegos y judíos, es usada por los *queer,* para favorecer la idea de que uno es capaz de escoger el género al que desea pertenecer, o no escoger ninguno.

El libre albedrío ha sido motivo de siglos de estudio sin que por ello se hayan hecho descubrimientos que la clarifiquen completamente, Donal Hebb (1904-1985), "ha admitido que la libre voluntad es real y, además, un fenómeno biológico; por tanto un fenómeno que se puede estudiar científicamente".[32] También se puede decir que "el libre albedrío es la volición con elección libre de meta u objetivo, con o sin previsión del posible resultado"[33], y por ultimo diremos que "la posibilidad de libre arbitrio es un supuesto de la planificación, una de las llamadas *funciones ejecutivas* del cerebro".[34]

Las definiciones dadas de libre albedrío, nos llevan a decir que la libertad, implica elección, esta elección implica consecuencias, que se dan en el ente que las ejerce y en los que la rodean. Es decir, la libertad, puede ser evaluada, censurada, puede ser mal usada y también violentada. La libertad puede llevarme a la esclavitud y la libertad puede ayudarme a esclavizar a los demás. Al respecto Ágnes Heller (1929 -) dice,

"somos seres humanos morales no porque seamos absolutamente libres, sino porque no lo somos… la libertad absoluta como autonomía absoluta destruye por completo la libertad humana. Esta es la paradoja de la libertad, si se interpreta la libertad como autonomía".[35]

Entonces, es importante entender que la libertad puede ser mantenida siempre y cuando ella no viole el bien común.[36] Cuando se habla de esto se recuerda a Mead que

---

[32]Mario Bunge y Rubén Ardila, *Filosofía de la psicología* (México: Siglo Veintiuno editores, S.A., 2002), 228.

[33]Idem., 299.

[34]Idem.

[35]Agnes Heller y Jorge Vigil, *Más allá de la justicia, Crítica* (Barcelona: Editorial Crítica, 1990), 136. Ágnes Heller es una de las más importantes representantes de la filosofía marxista tradicional.

[36]Joaquín García Morillo, *El derecho a la libertad personal: Detención, privación y restricción de libertad* (Valencia: Universidad de Valencia, 1995), 67.

11

descubrió que toda la sociedad influye en la formación del ser humano. También se debe recordar a Freud quien demostró que la experiencia infantil es determinante en la formación del adulto. A esto se suma que, "los experimentos han demostrado… que la presión de grupo puede persuadir a una persona a que violente su propia percepción de la realidad física",[37] es decir, las personas pueden cambiar su primera estimación correcta para aceptar la estimación equivocada o errada del grupo, dependiendo de la influencia que reciban de la sociedad.

En este sentido no podemos hablar de libertad plena, ni menos aún de libertad sin responsabilidad, necesitamos ser responsables por la libertad que ejercemos, y si esta trae como consecuencia, desgracia, inseguridad, inestabilidad, temor social, o cualquier otra cosa negativa, esta libertad debe ser repensada y controla en pro del bien común. Pero más importante que esto es el hecho de que la Biblia presenta el libre albedrío humano, limitado a decidir entre obedecer a Dios u obedecer a los hombres (Hechos 5:29), entre caminar por el camino de la vida o de la muerte (Jeremías 21:8), entre servir a Dios a los dioses creados por los propios seres humanos (Josué 24:15). Libertad en la Biblia, es pues, servir a Dios y someterse a su voluntad, pues sólo ella será de beneficio real para el ser humano.

Frente a ello, cabría preguntarse, si la decisión de vivir como *queer* es obedecer a Dios u obedecer a los hombres, pero además se debe evaluar las consecuencias de la influencia *queer* en la sociedad, no que ella este buena ahora, pero, ¿será el asexuar al hombre y colocarlo en condición de ser vivo, capaz de elegir por sí mismo, su identidad genérica?,[38] una solución para los problemas del sexismo o clasicismo social de nuestra sociedad. Es decir, será que toda esta confusión, ayudaría en el desarrollo de nuestra sociedad, en la supervivencia de la especie, en la paz, la comprensión y el conocimiento de la verdad, ideales buscados por la humanidad desde que ella tiene conciencia de si, o es que conducirían a la confusión y al caos. Afirmar que el principio de libre albedrio debe ser aplicado, al género como, un principio social es inaceptable desde estos puntos de vista.

El género promueve la hegemonía por el poder

Se ha hablado mucho sobre la relación existente entre género y poder, se ha acusado a la sociedad de ser una que entrega el poder a los varones, y coloca a las mujeres en condición de inferioridad y subordinación, lo que según los *queer* es claramente notorio en la literatura bíblica, y ya que la Biblia es un libro sexista, no se puede esperar encontrar un

---

[37]James L. Peacock, "El enfoque de la antropología" en *Biblioteca de Filosofía*, (Barcelona: Editorial Herder, 1989), 56.

[38]Es decir considerar al ser humano sin género definido, solucionaría el problema de este ser humano, ejemplo destacado de este caso es Alice Myers que luego de ser lesbiana, a los 18 años cambio de nombre para Alex y frente a la pregunta sobre, qué es lo que era, respondió "es 100 por ciento equivocado referirse a mí como mujer y solo 40 por ciento correcto considerarme hombre. Me gustaría que hubiera un pronombre que me describiera con facilidad" es decir su problema no había terminado y aún todavía no termina. Is Biology Destiny?", *Baltimore Sun*, 24 de septiembre de 1997, 5E, 1E., citado en Hellen Buss Mitchell, *Raices de la Sabiduría*, 151.

apoyo directo al género femenino ni a los *queer* en ella, pero ¿es esto cierto? y si lo es, ¿hasta qué punto?

Si se repasa la historia no se puede negar que existe una tendencia sexista machista en la historia de este mundo, sin embargo, no por ello las mujeres dejaron de mostrar su capacidad y poder, la lista de reinas que de forma sabia y muchas veces agresiva tuvieron el poder desde los tiempo del antiguo Egipto con Hatshepsut,[39] hasta nuestros días con presidentas y primeras ministras de estado, lo demuestra.

También se puede encontrar este mismo hecho en los hogares de todos los tiempos, aun en los bíblicos, donde las mujeres tuvieron el poder, ejemplo de ella es Jezabel en la literatura bíblica y en los hogares actuales, sólo los varones saben cuántos casos hay donde las mujeres tienen el poder.

No se aboga por que las mujeres sean las que tengan el poder, de ninguna manera, tampoco se aboga por que sea el varón el que lo tenga, sino que como dice la Palabra de Dios, el hombre y la mujer sean una sola carne y tengan el poder no uno sobre el otro, sino sobre lo otro que no sean ellos o sus semejantes.

¿Puede la teología bíblica ser *queer*?

Se está llegando al punto central de esta discusión, aunque en la elaboración del documento esté al final. Se aborda el tema respondiendo a la pregunta ¿puede la teología bíblica apoyar la antropología *queer*?

Como ya se pudo demostrar, la teología *queer* no surge de un estudio teológico, ni de un estudio bíblico, sino de un estudio social, cultural y hasta cierto punto biológico, sin embargo, debido a que estas conclusiones tratan de llamarse teológicas, deben ser evaluadas a la luz del único texto que provee información para hacer teología. Se nos puede acusar de dogmáticos en este sentido, sin embargo, cuando nos acercamos al campo teológico es imposible no ser dogmáticos, pues como dijo el sabio Salomón,

> Yo, pues, dediqué mi corazón a conocer sabiduría y a ver la faena que se hace sobre la tierra (porque hay quien ni de noche ni de día retiene el sueño en sus ojos); y he visto todas las obras de Dios, y que el hombre no puede conocer toda la obra que se hace debajo del sol. Por mucho que trabaje el hombre buscándola, no la hallará; y aunque diga el sabio que la conoce, no por eso podrá alcanzarla. Ciertamente me he dado de corazón a todas estas cosas, para poder declarar que los justos y los sabios, y sus obras, están en la mano de Dios. Y que los hombres ni siquiera saben qué es amor o qué es odio, aunque todo está delante de ellos. (Ec 8:16-9:1)

---

[39]Hatshepsut (1504 – 1482 a.C.) fue hija de Tutmosis I y la reina Ahmose, luego de la muerte de su padre y de sus hermanos, ella quedó como la única heredera legitima de Tutmosis I, se casó con Tutmosis II su hermanastro pero luego de su muerte se coronó a Tutmosis III su sobrino e hijastro como rey, frente a esta situación ella se auto-coronó como reina y reinó por dos siglos, finalmente también se casó con Tutmosis III. Para los materiales que nos presentan el tema véase, James Henry Breasted, *Ancient Records of Egypt: The nineteenth Dynasty*, vol. 3 (Champaign, IL: University of Illinois Press, 2001); Frederick Monderson, *Hatshepsut's Temple at Deir El Bahari* (Bloomingtort, IN: AuthorHouse, 2007), 42-72.

Aquí, el hombre más sabio de la tierra, Salomón dice, que la observación científica o empírica, no pueden dar al hombre la capacidad de conocer la verdad y el error, ni lo que es odio y amor, si esto es cierto, desde un punto de vista bíblico, el conocimiento obtenido por la observación científica es limitada y solo permite conocer las cosas a media luz.

Siendo esto así, entonces inevitablemente llegamos a ser seres necesitados de conceptos y conclusiones que den respuesta a nuestras más inciertas perplejidades sobre diversos temas. En un mundo donde aún lo empírico es cuestionado, no podemos aceptar conclusiones sobre el género humano solo basados en argumentos sociales, psicológicos o aún "científicos", esto obliga a todo aquel que dice llamarse cristiano y a todo aquel que toma a la Biblia como palabra de Dios, llegar a un punto en el cual, deberá ser acusado de dogmatico. Esto debido a que solo en la palabra de Dios podrá encontrar una respuesta que lo libere de las dudas y las incertidumbres en las que nos colocan las huecas y sutiles filosofías humanas, que en algunos casos, hasta tratan de llamarse teologías.

Partiendo de este punto se debe leer la Biblia y ver que nos dice ella sobre el género y la identidad humana. Al inicio del texto sagrado leemos "Y creó Dios al hombre a su imagen, a imagen de Dios lo creó; *varón y hembra* los creó". (Gen 1:27), es importante en este sentido recalcar que el hombre desde el punto de vista bíblico tuvo su origen en género masculino y femenino.[40]

La historia de la creación muestra a sólo un *adam* (sin embargo, aclara que eso no era bueno), éste al ver su soledad y compararse con el resto de la creación perfecta, sintió la necesidad de una ayuda idónea, o una compañera adecuada. El ideal de la creación fue entonces que el varón y la mujer formasen un todo, en el cual fuesen mutuamente complementarios e interdependientes.

"De este modo la Biblia coloca la función de la sexualidad en el contexto del compañerismo, la intimidad y la complementación sobre la cual se basa la humanidad genuina. Esta concepción es, con mucho, más avanzada que las ideas de mera procreación, re-creación, o "alivio de tensiones" a las que a menudo ha sido reducida la sexualidad". Por otro lado es importante notar que la palabra hebrea *sea* traducida como costilla, se traduce también como costado, dando a entender la contraparte simétrica de la hoja de una puerta de doble hoja (1 Rey 6:34), esto nos demuestra que únicamente al estar juntos el varón y la mujer forman la humanidad. En este mismo respecto Génesis 2:20 nos dice que, Dios creó un *ezer*, palabra hebrea que es traducida en español por *ayuda*, pero esto no implica subordinación, sino tiene el sentido de apoyador y benefactor, pues la misma palabra se usa en referencia a Dios.

Con relación a la autoridad de la mujer sobre el varón, hay quienes han argumentado que ella fue creada a causa del varón y ya que ella deriva del varón y éste la nombró, implica subordinación; sin embargo, hay que recordar que en Génesis el

---

[40]De este punto en adelante las ideas fueron tomadas de, Aecio E. Cairus, "La doctrina del hombre" en *Teología fundamentos bíblicos de nuestra fe,* ed. Félix Cortes A., Sergio V. Collins, Frances X. Gelabert y Fernando Zabala, trad. Tulio N. Peverini (Bogota: Asociación Publicadora Interamericana, 2005), 233-287.

movimiento no es de lo superior a lo inferior, por lo contrario, el relato de la creación se mueve de lo imperfecto a lo perfecto, de lo incompleto a lo completo, de forma que no es el hombre que está sujeto a la tierra ni la mujer al varón sino que estos dos que llegan a ser una sola carne, son la corona de la creación en plena y perfecta igualdad, pues su dominio y superioridad dependen justamente de su unión.

En este sentido el texto bíblico coloca al ser humano *adam*, como transformados en *is* y *issah* en el momento de la unión, es decir el *adam* solo llega a ser hombre (esposo) *is* cuando toma a una mujer por esposa y ella asimismo llega a ser una *issah* solo cuando llega a ser tomada como esposa, pero todo ello desde la perspectiva bíblica solo puede ocurrir en una relación heterosexual. Es importante aclarar, que no es necesario ser casado para ser un ser humano, pues ser persona es algo más básico que ser hombre y mujer. Sin embargo, la sexualidad humana ayuda a definir aquello que nos identifica como personas.

Desde este punto de vista el género en la Biblia es un tema claro y extremadamente importante. Dios creo un varón y una mujer, fueron creados perfectos pero complementarios – no suplementarios –. Sin embargo, su perfección es dependiente de una correcta relación social, psicológica y sexual, es decir son ayuda mutua, en el sentido de que uno ayuda al otro a alcanzar esta perfección, perfección que sólo puede ser alcanzada desde el punto de vista bíblico, en una relación heterosexual.

Conclusión

En base a todo lo señalado, se puede afirmar, que el ideal antropológico *queer* no es apoyado por las ciencias naturales, las ciencias humanas, ni por las ciencias teológicas, pues como se ha podido demostrar, todas ellas presentan grandes diferencias respecto a los postulados *queer*. Respecto a las ciencias teológicas se puede afirmar que en la Biblia el ideal antropológico de Dios es plenamente monógamo y heterosexual, relación en la que debe primar la unidad e igualdad, los roles compartidos y las funciones sexuales claramente diferenciadas entre varón y mujer.

Una buena forma de acabar este artículo es manifestando amor, comprensión y cariño a las personas *queer* de nuestra sociedad, deseando y trabajando por su pronto restablecimiento a la salud social, personal y espiritual, restablecimiento que les abrirá el único camino para el restitución de la perfección perdida en el ser humano a causa del pecado. Pues este es el sentir oficial de la iglesia, sobre aquellos que hoy son parte del grupo *queer* de nuestra sociedad.[41]

En este sentido, es importante concluir presentando un caso específico sobre lo tratado, lo ocurrido en Uganda, donde la sociedad intentó censurar con la muerte, al grupo *queer* de esa sociedad, frente a lo cual la Iglesia Adventistas del 7° Día, se pronunció

---

[41]El domingo 3 de octubre de 1999, en el Concilio anual de la Conferencia General de la Iglesia Adventista del 7° Día, se votó el documento titulado, "Seventh-day Adventist Position Statement on Homosexuality", véase. General Conference of Seventh-day Adventists, "Seventh-day Adventist Position Statement on Homosexuality", http://adventist.org/beliefs/statements/main-stat46.html (consultado: 30 de octubre 2011).

15

oficialmente a través de la voz de Rajmund Dabrowski, Director de Comunicaciones, quien dijo,

El liderazgo de la iglesia notó con preocupación algunas declaraciones que supuestamente fueron hechas por el Director Ejecutivo de la Unión Misión de Uganda en relación con el Proyecto de Ley Anti Homosexual que actualmente se analiza en ese país. Estas opiniones no reflejan los valores de la Iglesia Adventista según se expresan en las declaraciones publicadas sobre conductas entre personas del mismo sexo. Los adventistas continúan afirmando la dignidad y derechos igualitarios de todas las personas según se definen en las declaraciones y acuerdos internacionales relevantes sobre derechos humanos.[42]

[42]ANN Bulletin, del 15 de Enero del 2010, bajo el titulo "En Uganda, la Iglesia Adventista se opone a las sanciones contra los homosexuales". Correo electrónico recibido el 15 de Enero del 2010.

CON GRIN SU CONOCIMIENTOS VALEN MAS

- Publicamos su trabajo académico, tesis y tesina

- Su propio eBook y libro - en todos los comercios importantes del mundo

- Cada venta le sale rentable

Ahora suba en www.GRIN.com
y publique gratis